ORDONNANCE DU ROI,

Portant règlement ſur les Gouvernemens généraux des provinces, Gouvernemens particuliers, Lieutenances de Roi, ou Commandemens, Majorités, Aides & Sous-aides-majorités des villes, places & châteaux; & qui, en déterminant différentes claſſes, affecte particulièrement chacune d'elles aux différens grades militaires.

Du 18 Mars 1776.

DE PAR LE ROI.

SA MAJESTÉ s'étant fait rendre compte de la diſtribution actuelle des Gouvernemens généraux des provinces, des Gouvernemens particuliers de ſes villes, places & châteaux, des Lieutenances de Roi, Majorités, Aides & Sous-aides-majorités deſdites places, a reconnu la néceſſité d'une répartition plus exacte & mieux proportionnée. Elle a remarqué que dans les emplois d'un même ordre, ceux du plus grand produit ne ſont pas toujours les plus importans, ni ceux qui exigent le plus de repréſentation & de dépenſe de la part des Officiers qui en ſont pourvus, & que pluſieurs de ces emplois réunis ſur une même tête, étoient devenus le partage d'un ſeul, tandis qu'ils auroient dû être la récompenſe & opérer le bien-être de pluſieurs.

Elle a penſé que les Gouvernemens généraux & particuliers, les Lieutenances de Roi des places, les Majorités, Aides & Sous-aides-majorités étant des grâces militaires qui en prouvant la confiance du Prince, ajoutent à la fortune & augmentent la conſidération, ces grâces devoient être la récompenſe des talens, des longs ſervices & des actions diſtinguées; & qu'en les diviſant en différentes claſſes, Elle établiroit des limites aux prétentions, & formeroit des objets d'émulation pour les différens grades de l'état militaire. Convaincue d'ailleurs que toutes les parties de l'adminiſtration doivent avoir des règles fixes, Sa Majeſté s'eſt déterminée à en preſcrire à ſa bienfaiſance même; & en conſéquence, Elle a ordonné & ordonne ce qui ſuit:

ARTICLE PREMIER.

LE nombre des Gouvernemens généraux des provinces, reſtera fixé à trente-neuf, comme il l'eſt aujourd'hui, & diviſé en deux claſſes: la première comprendra dix-huit Gouvernemens auxquels il ſera attribué annuellement, ſoit en appointemens, ſoit en émolumens, une ſomme de ſoixante mille livres; la ſeconde claſſe ſera compoſée de vingt-un Gouvernemens dont le traitement ſera ſeulement de trente mille livres, conformément aux états arrêtés par Sa Majeſté, & joints à la préſente.

Les dix-huit Gouvernemens généraux de province, du produit de ſoixante mille livres chacun, qui ne ſeront point accordés par Sa Majeſté à des Princes de ſon Sang, ne pourront l'être qu'à des Maréchaux de France; les vingt-un du produit de trente mille livres, ne ſeront accordés qu'à des Lieutenans généraux.

2.

LES Maréchaux de France & les Lieutenans généraux de ſes armées, que Sa Majeſté enverra commander, ſoit dans la province dont ils ſeront Gouverneurs, ſoit dans une autre, jouiront, indépendamment du revenu du gouvernement dont ils ſe trouveront pourvus, d'un traitement particulier qui leur ſera réglé par l'Ordonnance que Sa Majeſté ſe propoſe de rendre pour fixer les traitemens qui ſeront affectés, ſuivant leurs grades, à ceux de ſes Officiers généraux ou autres qu'Elle jugera à propos d'employer dans ſes provinces.

3.

SA MAJESTÉ ayant réuni aux Gouvernemens généraux établis par l'article 1er, pluſieurs Gouvernemens particuliers dont Elle a reconnu l'inutilité, les Gouverneurs particuliers des villes, places & châteaux, de différens produits, actuellement exiſtans, ſeront réduits au nombre de cent quatorze, dont vingt-cinq de la première claſſe, ſeront fixés, tant en appointemens qu'en émolumens, à un produit annuel de douze mille livres, vingt-cinq de la ſeconde claſſe à un produit de dix mille livres, & ſoixante-quatre de la troiſième claſſe à un produit de huit mille livres, conformément aux états arrêtés par Sa Majeſté. Ces Gouvernemens ne ſeront donnés qu'à des Officiers généraux. Pourront néanmoins les Officiers ayant obtenu le grade de Brigadiers après de longs ſervices, concourir avec les Maréchaux-de-camp, pour les Gouvernemens particuliers de la troiſième claſſe, ou autres exigeant réſidence.

4.

Sa Majesté deſirant établir entre les Gouvernemens généraux ou particuliers d'une même claſſe, une égalité parfaite de traitement, & conſidérant que cette égalité ne ſeroit point obſervée, ſi les nouveaux pourvus n'étoient en quelque ſorte dédommagés des brevets de retenue, plus ou moins conſidérables, dont leſdits Gouvernemens ſont grévés; ſon intention eſt qu'indépendamment des traitemens ci-deſſus réglés, il ſoit payé aux Gouverneurs généraux ou particuliers qu'Elle nommera à l'avenir, l'intérêt à Quatre pour cent du montant des brevets de retenue qu'ils auront acquittés; mais Elle déclare en même temps, qu'Elle n'accordera à l'avenir de nouveaux brevets de retenue ſur les Gouvernemens, qu'en diminuant un quart de la ſomme primitive, de manière que ladite ſomme ſe trouve éteinte après quatre mutations.

5.

Veut Sa Majeſté, qu'il ne ſoit rien changé aux traitemens dont jouiſſent les Lieutenans généraux & Lieutenans de Roi de ſes provinces; Elle ſe réſerve d'accorder les Lieutenances générales des provinces, lorſqu'elles viendront à vaquer, à ceux des Officiers de ſes troupes qu'Elle trouvera ſuſceptibles d'en être pourvus, ſoit par leurs ſervices, ſoit par leur naiſſance, ſoit enfin par des conſidérations particulières; mais ceux qui obtiendront leſdites Lieutenances générales, n'auront à l'avenir la permiſſion de ſe rendre

dans

dans les provinces pour y commander, qu'autant qu'ils joindront aux talens néceſſaires à cet effet, le grade de Lieutenant général de ſes armées.

6.

Le nombre des Lieutenances de Roi ou Commandemens des villes, places & châteaux, reſtera fixé invariablement à l'avenir, à cent ſoixante-ſeize: ſavoir, trente-cinq de la première claſſe, dont les appointemens & émolumens ſeront portés depuis ſix mille livres au moins, juſqu'à ſeize mille ſix cents livres; & cent quarante-un de la ſeconde claſſe; depuis deux mille livres au moins, juſqu'à ſix mille excluſivement; le tout conformément aux états arrêtés par Sa Majeſté, qui a bien voulu prendre en conſidération le plus ou le moins de dépenſe que la différence des lieux peut exiger de ceux qui ſeront pourvus deſdites Lieutenances de Roi.

Les Lieutenances de Roi de la première claſſe, ſeront occupées par des Officiers du grade de Maréchal-de-camp ou de Brigadier; & celles de la ſeconde claſſe, par des Lieutenans-colonels, Majors ou Capitaines de Grenadiers.

7.

Les états arrêtés par Sa Majeſté, déterminent également le nombre de Majorités, Aides & Sous-aides-majorités qui ſeront conſervés, & les appointemens & émolumens qui ſeront attachés auxdits emplois.

Les Majorités & Aides-majorités ne ſeront accordées qu'à des Officiers du grade au moins de Capitaine; les Officiers d'un grade inférieur, obtiendront les Sous-aides-majorités.

8.

N'ENTEND Sa Majesté, comprendre dans les changemens annoncés par les articles précédens, le gouvernement de Paris, celui de Monaco, ni les Gouvernemens & États-majors, qui se trouvent dans sa bonne ville de Paris, banlieue d'icelle, & dans les Maisons royales, lesquels seront conservés sur le pied actuel.

N'entend également Sa Majesté, qu'il soit rien innové aux Gouvernemens & Lieutenances de Roi, qui ont été créés en finance par l'Édit de novembre 1733 & arrêt du Conseil du 1.er juin 1766.

9.

DANS aucune place du royaume, les Officiers de l'État-major, ne pourront commander les troupes qu'en vertu de Lettres expédiées par le Secrétaire d'État ayant le département de la guerre; & il ne sera établi à l'avenir de Commandans dans aucune autre place, que celles comprises dans les états arrêtés par Sa Majesté.

10.

L'INTENTION de Sa Majesté est que l'exécution des dispositions de la présente Ordonnance, demeure suspendue pendant tout le temps que les titulaires actuels des gouvernemens & emplois ci-dessus mentionnés, & actuellement existans, en seront pourvus, ne voulant point les priver des grâces qu'ils ont obtenues à titre de récompenses de leurs services: Mais vacance arrivant par mort, démission ou par toute autre cause que ce puisse être; veut & ordonne Sa Majesté, que les remplacemens n'aient lieu que conformément aux états par Elle arrêtés, de l'existence & des traitemens de tous les Gouvernemens & emplois; de façon qu'il ne puiſſe être apporté relativement aux claſſes, ni aux produits, aucun changement ni aucune modification, à ce qui eſt réglé par leſdits états.

11.

SA MAJESTÉ n'ignorant pas qu'il a été accordé, tant par le feu Roi ſon aïeul que par Elle-même, des proviſions ou commiſſions en ſurvivance, auxquelles Elle ne veut point déroger, Elle permet que leſdites ſurvivances aient leur entier effet, & déclare qu'Elle n'accordera plus aucune ſurvivance à l'avenir.

Et dans le cas où quelques Gouvernemens ou emplois accordés en ſurvivance, ſe trouveroient du nombre de ceux qui doivent être ſupprimés, réduits ou augmentés, en vertu de la préſente Ordonnance ou des états arrêtés par le Roi; l'intention de Sa Majeſté eſt qu'ils n'éprouvent aucun changement qu'après que les ſurvivances auront été remplies.

12.

VEUT Sa Majeſté, que deux des Gouvernemens ou emplois détaillés dans les états par Elle arrêtés, ne puiſſent jamais être poſſédés en même temps par le même Officier.

13.

LORSQU'IL ſera nommé aux Gouvernemens ou autres emplois, qui ſe trouvent actuellement grévés de penſions en faveur des veuves ou enfans des derniers pourvus, ſoit par des clauſes inſérées dans les proviſions ou commiſſions, ſoit par des brevets du Roi; l'intention de Sa Majeſté eſt que ceux de ſes Officiers qui ſeront pourvus deſdits Gouvernemens ou emplois, ne ſoient plus tenus du payement deſdites penſions qui ſeront acquittées ſur les fonds de l'Extraordinaire des guerres, juſqu'au décès des penſionnaires:

Déclarant Sa Majesté, qu'Elle n'accordera plus à l'avenir, ni pension ni retraite sur le produit des emplois d'État-major.

14.

VACANCE arrivant de quelques-uns des Gouvernemens dont le sort déterminé par les états arrêtés par Sa Majesté, seroit de devoir être augmentés en appointemens; n'entend Sa Majesté que l'augmentation ait lieu que les économies résultantes de la suppression de quelques autres Gouvernemens n'aient procuré le fonds nécessaire à l'augmentation; au moyen de quoi, il ne sera point nommé auxdits Gouvernemens devenus vacans, tant que la dépense qu'ils occasionneroient seroit pour Sa Majesté, excédante aux charges qu'Elle s'est proposée de supporter.

15.

LES Gouvernemens, Commandemens, Lieutenances de Roi, Majorités, Aides & Sous-aides-majorités, qui ne se trouveront point portés sur les états arrêtés par Sa Majesté, seront & demeureront supprimés, & vacance arrivant desdits Gouvernemens & emplois, par la mort des titulaires actuels, leur démission, ou toute autre cause que ce puisse être, il ne sera plus nommé auxdits Gouvernemens & emplois, sauf les réserves exprimées en l'article XI. FAIT à Versailles le dix-huit mars mil sept cent soixante-seize. *Signé* LOUIS. *Et plus bas,* SAINT-GERMAIN.

ÉTAT

ÉTAT des Gouvernemens généraux & particuliers, & autres emplois d'État-major, qui seront conservés à l'avenir, vacance arrivant par mort ou démission de ceux qui en sont pourvus; & du traitement qui sera attaché à chaque emploi, tant en appointemens qu'en émolumens.

ISLE-DE-FRANCE.	TRAITEMENT en Appointemens, *ou* Émolumens.
Gouvernement général à	60000[#]
Soissons.	
Un Gouverneur de la seconde classe à	10000.
PICARDIE.	
Gouvernement général à	60000.
Amiens.	
Un Gouverneur de la seconde classe	10000.
Uu Lieutenant de Roi de la seconde classe	3800.
Un Major	2400.
Un Aide-major	1000.
Citadelle.	
Un Lieutenant de Roi de la seconde classe	2700.
Un Aide-major	1100.
Calais.	
Un Gouverneur de la première classe	12000.
Un Lieutenant de Roi de la première classe	8000.
Un Major	3400.
Un Aide-major	1800.
Deux Sous-aide-major, chacun	1100.
Citadelle.	
Un Lieutenant de Roi de la seconde classe	3300.
Un Aide-major	1000.

Fort Nieulay.

Un Lieutenant de Roi de la ſeconde claſſe.............. 2700 ₶
Un Aide-major.............................. 1200.

Fort du Riſban.

Un Commandant de la ſeconde claſſe................ 2000.

Fort du Courgain.

Un Commandant de la ſeconde Claſſe................ 2000.

Ardres.

Un Commandant de la ſeconde claſſe................ 3000.
Un Major................................... 1200.
Un Aide-major.............................. 1000.

Doullens.

Un Commandant de la ſeconde claſſe................ 3600.
Un Major................................... 1500.
Un Aide-major.............................. 1200.

Guiſe.

Un Gouverneur de la première claſſe................ 12000.
Un Lieutenant de Roi de la ſeconde claſſe............ 2200.
Un Major................................... 1600.

Ham.

Un Gouverneur de la troiſième claſſe................ 8000.
Un Lieutenant de Roi de la ſeconde claſſe............ 2700.
Un Major................................... 1600.
Un Aide-major.............................. 1000.
Un Sous-aide-major.......................... 800.

Montreuil & citadelle.

Un Gouverneur de la première claſſe.................. 12000 ₶
Un Lieutenant de Roi de la ſeconde claſſe, pour la ville... 2700.
Uu Lieutenant de Roi de la ſeconde claſſe, pour la citadelle... 2000.
Un Major pour les ville & citadelle................. 2000.
Un Aide-major pour la ville.................. 1000.

Péronne.

Un Gouverneur de la troiſième claſſe.................. 8000.
Un Lieutenant de Roi de la ſeconde claſſe.............. 3200.
Un Major.................................. 1700.
Un Aide-major .... 1000.

Château de Péronne.

Un Commandant de la ſeconde claſſe.................. 2000.

Saint-Quentin.

Un Gouverneur de la troiſième claſſe.................. 8000.
Uu Lieutenant de Roi de la ſeconde claſſe.............. 4000.
Un Major .... 2000.
Un Aide-major .... 1400.

FLANDRE ET HAINAULT.

Gouvernement général à .... 60000.

Lille.

Le Gouvernement de la ville joint, au Gouvernement général.
Un Lieutenant de Roi de la première claſſe............ 14000.
Un Major.................................. 7600.
Un premier Aide-major.......................... 3600.
Deux Aide-majors, chacun........................ 3000.
Deux Sous-aide-major, chacun.................... 2400.
Deux Sous-aide-major, chacun.................... 2000.

Citadelle.

Un Gouverneur de la ſeconde claſſe . . . . 10000^{tt}
Un Lieutenant de Roi de la première claſſe . . . . 7300.
Un Major . . . . 3700.
Un Aide-major . . . . 2000.

Fort Saint-Sauveur.

Un Lieutenant de Roi de la ſeconde claſſe . . . . 5000.
Un Aide-major . . . . 2500.

Bergues.

Un Gouverneur de la première claſſe . . . . 12000.
Un Lieutenant de Roi de la première claſſe . . . . 10000.
Un Major . . . . 5600.
Un Aide-major . . . . 2800.
Un Sous-aide-major . . . . 1700.

Fort François.

Un Lieutenant de Roi de la ſeconde claſſe . . . . 2400.
Un Aide-major . . . . 1000.

Gravelines.

Un Gouverneur de la ſeconde claſſe . . . . 10000.
Un Lieutenant de Roi de la ſeconde claſſe . . . . 5400.
Un Major . . . . 3000.
Un Aide-major . . . . 1600.
Un Sous-aide-major . . . . 1100.

Douai.

Un Gouverneur de la première claſſe . . . . 12000.
Un Lieutenant de Roi de la première claſſe . . . . 10000.
Un Major . . . . 5600.
Deux Aide-major, chacun . . . . 2600.
Deux Sous-aide-major, chacun . . . . 1500.

Fort de Scarpe.

Un Gouverneur de la troisième classe 8000tt

Un Major . . . . 2200.

Dunkerque.

Un Commandant de la première classe . . . . 16600.

Un Major . . . . 7000.

Deux Aide-major, chacun . . . . 3500.

Deux Sous-aide-major, chacun . . . . 2000.

Fort Mardick.

Un Major . . . . 1200.

Valenciennes.

Un Gouverneur de la première classe . . . . 12000.

Un Lieutenant de Roi de la première classe . . . . 13000.

Un Major . . . . 7300.

Deux Aide-major, chacun . . . . 3300.

Deux Sous-aide-major, chacun . . . . 1900.

Citadelle.

Un Gouverneur de la seconde classe, à charge de résidence . . 10000.

Un Major . . . . 3300.

Un Aide-major . . . . 1600.

Un Sous-aide-major . . . . 1100.

Maubeuge.

Un Gouverneur de la première classe . . . . 12000.

Un Lieutenant de Roi de la première classe . . . . 7000.

Un Major . . . . 3500.

Deux Aide-major, chacun . . . . 1800.

Un Sous-aide-major . . . . 1100.

Condé.

Un Gouverneur de la première classe................ 12000#
Un Lieutenant de Roi de la première classe............ 7000.
Un Major............................ 4000.
Un Aide-major.......................... 2000.
Un Sous-aide-major........................ 1300.

Avesnes.

Un Gouverneur de la troisième classe................ 8000.
Un Lieutenant de Roi de la seconde classe............ 4600.
Un Major............................ 2800.
Un Aide-major.......................... 1200.

Landrecies.

Un Gouverneur de la seconde classe................ 10000.
Un Lieutenant de Roi de la seconde classe............ 4700.
Un Major............................ 2400.
Un Aide-major.......................... 1200.
Un Sous-aide-major........................ 900.

Bouchain.

Un Gouverneur de la troisième classe................ 8000.
Un Lieutenant de Roi de la seconde classe............ 4700.
Un Major............................ 2400.
Un Aide-major.......................... 1500.
Un Sous-aide-major........................ 900.

Philippeville.

Un Gouverneur de la troisième classe................ 8000.
Un Lieutenant de Roi de la seconde classe............ 3000.
Un Major............................ 1600.
Un Aide-major.......................... 1200.
Un Sous-aide-major........................ 900.

Charlemont & les deux Givets.

Un Gouverneur de la troisième classe	8000#
Un Lieutenant de Roi de la première classe	7000.
Un Major pour Charlemont	2900.
Un Major pour les deux Givets	2900.
Un Aide-major à Charlemont	1300.
Un Aide-major à Givet-Notre-Dame	1300.
Un Aide-major à Givet-Saint-Hilaire	1300.
Un Sous-aide-major à Charlemont	900.

Marienbourg.

Un Commandant de la seconde classe	4000.
Un Major	1500.

Le Quesnoy.

Un Gouverneur de la seconde classe	10000.
Un Lieutenant de Roi de la seconde classe	4700.
Un Major	2800.
Un Aide-major	1400.
Un Sous-aide-major	900.

Cambray.

Un Gouverneur de la première classe	12000.
Un Lieutenant de Roi de la première classe	9000.
Un Major	5000.
Deux Aide-major, chacun	2200.
Deux Sous-aide-major, chacun	1300.

Citadelle.

Un Gouverneur de la troisième classe	8000.
Un Lieutenant de Roi de la seconde classe	4000.
Un Major	2200.
Un Sous-aide-major	900.

CHAMPAGNE ET BRIE.

Gouvernement général, à 60000ᵗᵗ

Mézières.

Un Gouverneur de la ſeconde claſſe . . . . 10000.
Un Lieutenant de Roi de la ſeconde claſſe . . . . 4000.
Un Major . . . . 2000.
Un Aide-major . . . . 1200.

Rocroy.

Un Gouverneur de la troiſième claſſe . . . . 8000.
Un Lieutenant de Roi de la ſeconde claſſe . . . . 2800.
Un Major . . . . 1800.
Un Aide-major . . . . 1000.

ÉVÊCHÉS.

Gouvernement général, à . . . . 60000.

Metz.

Le Gouvernement réuni au Gouvernement général.
Un Lieutenant de Roi de la première claſſe . . . . 14000.
Un Major . . . . 6000.
Deux Aide-major, à chacun . . . . 2500.
Deux Aide-major, à chacun . . . . 2000.
Deux Sous-aide-major, à chacun . . . . 1600.

Citadelle.

Un Lieutenant de Roi de la ſeconde claſſe . . . . 4500.
Un Major . . . . 1700.
Un Aide-major . . . . 1000.

Verdun & citadelle.

Un Gouverneur de la première claſſe . . . . 12000.
Un Lieutenant de Roi de la ſeconde claſſe . . . . 5000.
Un Major pour la ville . . . . 2000.
Un Major pour la citadelle . . . . 1800.
Un Aide-major . . . . 1200.
Un Sous-aide-major . . . . 900.

Montmedy.

Montmedy.

Un Gouverneur de la troisième classe................	8000#
Un Lieutenant de Roi de la seconde classe............	2600.
Un Major..................................	1500.
Un Sous-aide-major.........................	900.

Château de Bouillon.

Un Lieutenant de Roi de la seconde classe............	3600.
Un Major..................................	1800.
Un Sous-aide-major.........................	900.

Thionville.

Un Gouverneur de la seconde classe.................	10000.
Un Lieutenant de Roi de la seconde classe............	5900.
Un Major..................................	3000.
Un Aide-major..............................	1500.
Un Sous-aide-major.........................	900.

Longwy.

Un Gouverneur de la seconde classe.................	10000.
Un Lieutenant de Roi de la seconde classe............	3000.
Un Major..................................	2100.
Un Aide-major..............................	1100.
Un Sous-aide-major.........................	900.

Sarrelouis.

Un Gouverneur de la première classe................	12000.
Un Lieutenant de Roi de la seconde classe............	5000.
Un Major..................................	3000.
Un Aide-major..............................	1500.
Un Sous-aide-major.........................	900.

Marsal.

Un Commandant de la seconde classe................	4000.
Un Major..................................	2400.
Un Aide-major..............................	1400.
Un Sous-aide-major.........................	900.

Rodemacker.

Un Commandant de la ſeconde claſſe................ 2000 ₶

Un Sous-aide-major.......................... 900.

Sierck.

Un Commandant de la ſeconde claſſe................ 2000.

Stenay.

Un Commandant de la ſeconde claſſe................ 2000.

Château de Marville.

Un Major.................................. 1200.

LORRAINE.

Gouvernement général, à....................... 60000.

Nanci & citadelle.

Le Gouvernement réuni au Gouvernement général.

Un Lieutenant de Roi de la première claſſe............ 8000.

Un Major.................................. 4600.

Un Aide-major.............................. 2000.

Un Sous-aide-major à la ville.................... 1200.

Un Sous-aide-major à la citadelle................. 1200.

Bitche.

Un Commandant de la ſeconde claſſe................ 3000.

Un Major.................................. 2000.

Un Sous-aide-major.......................... 900.

Zarguemines.

Un Commandant de la ſeconde claſſe................ 2000.

Bar.

Un Gouverneur de la troiſième claſſe................ 8000.

Commercy.

Un Gouverneur de la troiſième claſſe................ 8000.

Neufchâteau.

Un Gouvérneur de la troisième classe . . . . 8000#

Épinal.

Un Gouverneur de la troisième classe . . . . 8000.

Pont-à-Mousson.

Un Gouverneur de la troisième classe . . . . 8000.

Mirecourt.

Un Gouverneur de la troisième classe . . . . 8000.

Saint-Mihel.

Un Gouverneur de la troisième classe . . . . 8000.

ALSACE.

Le Gouvernement général, à . . . . 60000.

Strasbourg.

Le Gouvernement réuni au Gouvernement général.

Un Lieutenant de Roi de la première classe . . . . 14500.

Un Major . . . . 7000.

Deux Aide-major, chacun . . . . 3000.

Un Sous-aide-major . . . . 2200.

Deux Sous-aide-major, chacun . . . . 1800.

Réduit de la Porte d'Haguenau.

Un Commandant de la seconde classe . . . . 3000.

Réduit de la Porte blanche.

Un Commandant de la seconde classe . . . . 3000.

Citadelle.

Un Lieutenant de Roi de la première classe . . . . 8000.

Un Major . . . . 3600.

Un Aide-major . . . . 1800.

Un Sous-aide-major . . . . 1300.

Fort Louis.

Un Gouverneur de la troisième classe .... 8000#
Un Lieutenant de Roi de la seconde classe .... 4600.
Un Major .... 2600.
Un Aide-major .... 1300.
Un Sous-aide-major .... 900.

Schelestat.

Un Gouverneur de la seconde classe .... 10000.
Un Lieutenant de Roi de la première classe .... 7000.
Un Major .... 4000.
Un Aide-major .... 2000.
Un Sous-aide-major .... 1200.

Neuf-Brisack.

Un Gouverneur de la troisième classe .... 8000.
Un Lieutenant de Roi de la seconde classe .... 4800.
Un Major .... 3000.
Un Aide-major .... 1500.
Un Sous-aide-major .... 1200.

Fort Mortier.

Un Commandant de la seconde classe .... 3000.
Un Major .... 1500.

Betfort & château.

Un Gouverneur de la seconde classe .... 10000.
Un Lieutenant de Roi de la seconde classe .... 4600.
Un Major .... 3000.
Un Aide-major à la ville .... 1500.
Un Aide-major au château .... 1500.
Un Sous-aide-major .... 1000.

Huningue.

Un Gouverneur de la feconde claffe.................. 10000^tt
Un Lieutenant de Roi de la feconde claffe............ 4000.
Un Major.................................. 2700.
Un Aide-major.............................. 1500.
Un Sous-aide-major......................... 1000.

Château de Lichtemberg.

Un Commandant de la feconde claffe................ 2800.
Un Major.................................. 1400.
Un Sous-aide-major......................... 900.

Landau.

Un Gouverneur de la première claffe................ 12000.
Un Lieutenant de Roi de la première claffe............ 9000.
Un Major.................................. 5000.
Un Aide-major.............................. 2500.
Un Sous-aide-major......................... 1500.

Réduit de Landau.

Un Commandant de la feconde claffe................ 3000.

Weiffembourg.

Un Lieutenant de Roi de la feconde claffe............ 3600.
Un Major.................................. 2400.

Landskronn.

Un Commandant de la feconde claffe................ 2800.

Lauterbourg.

Un Commandant de la feconde claffe................ 4000.
Un Major.................................. 1600.
Un Sous-aide-major......................... 900.

Obernheim.

Un Major-commandant........................ 1800.

Haguenau.

Un Lieutenant de Roi de la première claſſe............ 6000#
Un Aide-major................................... 1500.

La petite Pierre.

Un Commandant de la ſeconde claſſe................ 2400.

Saverne.

Un Commandant de la ſeconde claſſe................ 2000.

Phalſbourg.

Un Gouverneur de la troiſième claſſe............... 8000.
Un Lieutenant de Roi de la ſeconde claſſe............ 3600.
Un Major.. 2200.
Un Aide-major................................... 1200.
Un Sous-aide-major.............................. 900.

Sarrebourg.

Un Commandant de la ſeconde claſſe................ 2000.

Colmar.

Un Major-commandant............................ 5000.

COMTÉ DE BOURGOGNE.

Gouvernement général, à......................... 60000.

Beſançon.

Le Gouvernement réuni au Gouvernement général.
Un Lieutenant de Roi de la première claſſe............ 10000.
Un Major.. 4000.
Deux Aide-major, chacun.......................... 1800.
Deux Sous-aide-major, chacun...................... 1200.

Citadelle & contreſcarpe.

Un Lieutenant de Roi de la ſeconde claſſe............ 4300.
Un Major.. 2400.
Un Aide-major................................... 1200.

Fort Griffon.

Un Commandant de la ſeconde claſſe.................	2200[#]
Un Aide-major................................	1200.

Salins.

Un Gouverneur de la ſeconde claſſe..................	10000.
Un Lieutenant de Roi de la ſeconde claſſe............	5000.
Un Major....................................	2400.
Un Aide-major................................	1400.

Saint-André de Salins.

Un Commandant de la ſeconde claſſe.................	3000.
Un Major....................................	1800.

Fort Blin.

Un Commandant de la ſeconde claſſe.................	2000.
Un Sous-aide-major............................	900.

Pontarlier & château de Joux.

Un Gouverneur de la troiſième claſſe................	8000.
Un Lieutenant de Roi de la ſeconde claſſe............	2000.
Un Aide-major................................	1200.

Dôle.

Un Gouverneur de la troiſième claſſe................	8000.
Un Lieutenant de Roi de la ſeconde claſſe............	3000.

Château de Blamont.

Un Commandant de la ſeconde claſſe.................	2000.
Un Aide-major................................	1200.

DUCHÉ DE BOURGOGNE.

Gouvernement général, à........................	60000.

Dijon & château.

Un Gouverneur de la troiſième claſſe................	8000.
Un Commandant de la ſeconde claſſe, pour le château....	2000.

Auxonne.

Un Gouverneur de la première classe................. 12000#
Un Major-commandant.......................... 1800.

Challon-sur-Saône.

Un Gouverneur de la seconde classe................. 10000.
Un Major-commandant.......................... 1800.

Bourg.

Un Commandant de la seconde classe................. 3000.

Fort de l'Écluse.

Un Major.................................... 1500.

Seyssel.

Un Commandant de la seconde classe................. 2000.

LYONNOIS.

Gouvernement genéral, à......................... 60000.

Pierre-Encise.

Un Commandant de la seconde classe................. 3000.
Un Major.................................... 1800.

DAUPHINÉ.

Gouvernement général, à......................... 60000.

Grenoble & Arsenal.

Un Gouverneur de la troisième classe................ 8000.
Un Lieutenant de Roi de la seconde classe............ 2400.
Un Major.................................... 1600.

Valence.

Un Commandant de la seconde classe................. 2000.

Queiras.

Un Commandant de la seconde classe................. 2000.

Embrun.

Embrun.

Un Gouverneur de la troisième classe	8000tt
Un Lieutenant de Roi de la seconde classe	2800.
Un Aide-major	1500.

Mont-Dauphin.

Un Gouverneur de la troisième classe	8000.
Un Lieutenant de Roi de la seconde classe	4500.
Un Major	2600.
Un Aide-major	1300.
Un Sous-aide-major	900.

Briançon & forts.

Un Gouverneur de la troisième classe	8000.
Un Lieutenant de Roi de la première classe	6000.
Un Major de la ville	3000.
Un Major des forts	2000.
Un Aide-major de la ville	1500.
Un Aide-major au Randouillet	1300.
Un Sous-aide-major de la ville	1000.
Un Sous-aide-major au Randouillet	900.
Un Sous-aide-major au fort des Testes	900.

Fort Barraux.

Un Gouverneur de la troisième classe	8000.
Un Lieutenant de Roi de la seconde classe	2000.
Un Aide-major	1200.

Crest, ville & tour.

Un Commandant de la seconde classe	2000.

Pont de Beauvoisin.

Un Commandant de la seconde classe	3000.

Montelimart.

Un Commandant de la seconde classe . . . . 2000#
Un Aide-major . . . . 1200.

PROVENCE.

Gouvernement général, à . . . . 60000.

Marseille.

Le Gouvernement réuni au Gouvernement général.

Citadelle de Marseille.

Un Gouverneur de la première classe . . . . 12000.
Un Lieutenant de Roi de la première classe . . . . 8000.
Un Major . . . . 3700.
Un Aide-major . . . . 1800.

Fort Saint-Jean.

Un Gouverneur de la troisième classe . . . . 8000.
Un Lieutenant de Roi de la seconde classe . . . . 5000.
Un Major . . . . 2400.
Un Aide-major . . . . 1500.

Château d'If, Pommègue & Ratonneau.

Un Gouverneur de la troisième classe . . . . 8000.
Un Major . . . . 1800.

Toulon.

Un Gouverneur de la troisième classe . . . . 8000.
Un Commandant de la première classe . . . . 13600.
Un Major . . . . 2800.
Deux Aide-major, chacun . . . . 1600.
Un Sous-aide-major . . . . 900.

Fort de la Malgue.

Un Aide-major . . . . 1400.

Grosse Tour.

Un Aide-major .... 1400.

Saint-Tropez.

Un Major-commandant .... 1500.

Tour de Bouc.

Un Aide-major .... 1400.

Porqueroles & Lingoustier.

Un Major-commandant .... 1500.

Portecros.

Un Major-commandant .... 1500.

Isles Sainte-Marguerite.

Un Gouverneur de la seconde classe .... 10000.
Un Lieutenant de Roi de la seconde classe .... 2500.
Un Major .... 1900.
Un Aide-major .... 1200.
Un Sous-aide-major .... 900.

Antibes.

Un Gouverneur de la troisième classe .... 8000.
Un Lieutenant de Roi de la seconde classe .... 4000.
Un Major .... 2000.
Un Aide-major .... 1200.
Un Sous-aide-major .... 900.

Fort Quarré.

Un Aide-major .... 1200.

Entrevaux.

Un Commandant de la seconde classe .... 2400.
Un Aide-major .... 1200.

Seyne.

Un Major-commandant........................... 1500#

Colmar.

Un Commandant de la feconde claffe.................. 2400.
Un Aide-major.................................. 1200.

Fort Saint-Vincent & Vallée de Barcelonette.

Un Commandant de la feconde claffe.................. 3600.

Sifteron.

Un Gouverneur de la feconde claffe.................. 10000.
Un Lieutenant de Roi de la feconde claffe.............. 2400.

LANGUEDOC.

Gouvernement général, à.......................... 60000.

Montpellier, ville & citadelle.

Un Gouverneur de la première claffe.................. 12000.
Un Lieutenant de Roi de la feconde claffe.............. 4600.
Un Major...................................... 2000.
Un Aide-major.................................. 1400.
Un Sous-aide-major.............................. 900.

Aigues-mortes.

Un Gouverneur de la feconde claffe.................. 10000.
Un Major-commandant............................ 1800.

Fort Peccais.

Un Major-commandant............................ 1800.

Sommières.

Un Gouverneur de la troifième claffe.................. 8000.
Un Major-commandant............................ 1800.

Nifmes.

Niſmes, ville & château.

Un Gouverneur de la troiſième claſſe	8000.
Un Lieutenant de Roi de la ſeconde claſſe	5000.
Un Major	3000.
Un Aide-major	1600.
Un Sous-aide-major	900.

Château de Saint-André de Villeneuve-lès-Avignon.

Un Commandant de la ſeconde claſſe	2000.

Pont Saint-Eſprit.

Un Gouverneur de la troiſième claſſe	8000.
Un Lieutenant de Roi de la ſeconde claſſe	4000.
Un Major	1600.

Alais & château.

Un Commandant de la ſeconde claſſe	2400.
Un Aide-major	1500.
Un Sous-aide-major	900.

Saint-Hyppolite.

Un Gouverneur de la troiſième claſſe	8000.
Un Major	2000.

Narbonne.

Un Gouverneur de la troiſième claſſe	8000.
Un Lieutenant de Roi de la ſeconde claſſe	3000.
Un Major	2000.
Un Aide-major	1200.
Un Sous-aide-major	900.

Fort Breſcou & Agde.

Un Gouverneur de la ſeconde claſſe	10000.
Un Lieutenant de Roi de la ſeconde claſſe	2700.

Château de Ferrières.

Un Major.. 1500#

Cette.

Un Lieutenant de Roi de la ſeconde claſſe.............. 3500.
Un Major.. 2200.
Un Aide-major.................................... 900.

ROUSSILLON.

Gouvernement général, à.......................... 60000.

Perpignan.

Le Gouvernement réuni au Gouvernement général.
Un Lieutenant de Roi de la première claſſe............ 11000.
Un Major.. 4500.
Deux Aide-major, chacun.......................... 2200.
Un Sous-aide-major............................... 1400.

Citadelle.

Un Lieutenant de Roi de la ſeconde claſſe............... 5500.
Un Major.. 3000.
Un Aide-major.................................... 1500.

Collioure.

Un Gouverneur de la première claſſe................... 12000.
Un Lieutenant de Roi de la ſeconde claſſe.............. 3000.
Un Major.. 1800.
Un Aide-major.................................... 1200.

Salces.

Un Gouverneur de la troiſième claſſe.................. 8000.
Un Lieutenant de Roi de la ſeconde claſſe.............. 3000.
Un Aide-major.................................... 1500.

Villefranche.

Un Gouverneur de la troisième classe.................... 8000#
Un Lieutenant de Roi de la seconde classe................. 2600.
Un Major.. 2000.
Un Aide-major... 1000.

Château de Villefranche.

Un Major-commandant....................................... 1800.

Bellegarde.

Un Gouverneur de la troisième classe.................... 8000.
Un Lieutenant de Roi de la seconde classe................. 2400.
Un Aide-major... 1200.

Fort des Bains.

Un Major-commandant....................................... 1800.

Pratz de Molliou.

Un Major-commandant....................................... 1800.

Mont-Louis.

Un Gouverneur de la troisième classe.................... 8000.
Un Lieutenant de Roi de la deuxième classe................ 3000.
Un Major.. 2000.
Un Aide-major... 1200.
Un Sous-aide-major.. 900.

Port Vendre.

Un Major-commandant....................................... 1800.

NAVARRE ET BÉARN.

Gouvernement général, à.................................. 60000.

Bayonne.

Un Gouverneur de la troiſième claſſe.......................... 8000ᵗᵗ
Un Lieutenant de Roi de la première claſſe............ 8000.
Un Major de la ville & du château vieux............... 3400.
Un Aide-major.. 1800.
Un Sous-aide-major.. 1200.

Citadelle.

Un Lieutenant de Roi de la ſeconde claſſe............. 4500.
Un Major.. 2400.

Château vieux de Bayonne.

Un Commandant de la ſeconde claſſe....................... 2200.

Château neuf.

Un Commandant de la ſeconde claſſe....................... 2800.
Un Major.. 1800.

Dax & Saint-Sever.

Un Gouverneur de la troiſième claſſe....................... 8000.
Un Lieutenant de Roi de la ſeconde claſſe............. 2000.
Un Major.. 1200.

Pau.

Un Gouverneur de la troiſième claſſe....................... 8000.

Navarreins.

Un Gouverneur de la troiſième claſſe....................... 8000.
Un Lieutenant de Roi de la ſeconde claſſe............. 4000.
Un Aide-major.. 1200.

Saint-Jean-pied-de-port.

Un Gouverneur de la troiſième claſſe....................... 8000.
Un Lieutenant de Roi de la ſeconde claſſe............. 2400.
Un Aide-major.. 1200.

Redoute

Redoute d'Andaye.

Un Major-commandant.................................... 1500^tt

Fort Soccoa.

Un Commandant de la ſeconde claſſe.................. 2000.

GUIENNE.

Gouvernement général, à.............................. 60000.

Château Trompette.

Un Gouverneur de la première claſſe.................. 12000.
Un Lieutenant de Roi de la première claſſe.............. 10000.
Un Major.. 5000.
Un Aide-major.. 2400.

Fort Sainte-Croix.

Un Commandant de la ſeconde claſſe.................. 3600.

Château du Ha.

Un Commandant de la ſeconde claſſe.................. 3000.

Blaye.

Un Gouverneur de la première claſſe.................. 12000.
Un Lieutenant de Roi de la ſeconde claſſe.............. 4400.
Un Major.. 2500.
Un Aide-major.. 1600.
Un Sous-aide-major.. 1000.

Fort Médoc.

Un Commandant de la ſeconde claſſe.................. 3200.
Un Major.. 2000.

Ville & château de Lourdes.

Un Commandant de la ſeconde claſſe.................. 2000.

BRETAGNE.

Gouvernement général, à.......................... 60000##

Rennes.

Un Gouverneur de la troisième classe.................... 8000.

Brest, île d'Ouessant & Camp retranché de Kellerme.

Un Gouverneur de la première classe.................... 12000.
Un Lieutenant de Roi de la première classe............... 11000.
Un Major.................................... 3600.
Un Aide-major................................. 1800.
Un Sous-aide-major.............................. 1000.

Nantes & château.

Un Gouverneur de la première classe.................... 12000.
Un Lieutenant de Roi de la seconde classe................ 5000.
Un Major.................................... 1800.
Un Aide-major................................. 1200.

Vannes.

Un Gouverneur de la troisième classe.................... 8000.

Saint-Malo & château.

Un Gouverneur de la première classe.................... 12000.
Un Lieutenant de Roi de la seconde classe............... 3600.
Un Aide-major................................. 1400.

Belle-île & citadelle.

Un Gouverneur de la première classe, à charge de résidence. 12000.
Un Lieutenant de Roi de la seconde classe................ 4000.
Un Major.................................... 2000.
Un Aide-major................................. 1000.

Port-Louis & l'Orient.

Un Gouverneur de la troiſième claſſe.................... 8000#
Un Lieutenant de Roi de la première claſſe............. 8000.
Un Major du Port-Louis................................. 2400.
Un Major de l'Orient................................... 3400.

Quimper.

Un Gouverneur de la troiſième claſſe.................... 8000.

Château du Taureau.

Un Gouverneur de la troiſième claſſe.................... 8000.

NORMANDIE.

Gouvernement général, à............................... 60000.

Rouen.

Un Gouverneur de la troiſième claſſe.................... 8000.

Dieppe.

Un Gouverneur de la troiſième claſſe.................... 8000.
Un Lieutenant de Roi de la ſeconde claſſe.............. 4500.
Un Major... 2500.
Un Sous-aide-major..................................... 900.

Caen, ville & château.

Un Gouverneur de la troiſième claſſe.................... 8000.
Un Lieutenant de Roi de la ſeconde claſſe.............. 3500.
Un Major... 1800.

Granville.

Un Commandant de la ſeconde claſſe..................... 2600.

Cherbourg.

Un Gouverneur de ſeconde claſſe........................ 10000.
Un Major... 1800.

La Hougue.

Un Commandant de la seconde classe.................... 2400#

LE HAVRE.

Gouvernement général, à................................ 30000.

Ville & citadelle du Havre.

Le Gouvernement réuni au Gouvernement général.

Un Lieutenant de Roi de la première classe.............. 9000.

Un Major... 2800.

Un Aide-major de la ville............................... 1500.

Un Aide-major de la citadelle........................... 1500.

Un Sous-aide-major..................................... 1000.

Tour du Havre.

Un Major-commandant.................................... 1600.

BOULONOIS.

Gouvernement général, à................................ 30000.

Boulogne & château.

Un Gouverneur de la seconde classe...................... 10000.

Un Lieutenant de Roi de la seconde classe............... 4000.

Un Major... 2200.

Un Aide-major.. 1000.

Tour d'Ambleteuse.

Un Major-commandant.................................... 1600.

ARTOIS.

Gouvernement général, à................................ 30000.

Arras.

Un Gouverneur de la première classe..................... 12000.

Un Lieutenant de Roi de la première classe.............. 8500.

Un Major... 4800.

Deux Aide-major, chacun................................ 2200.

Deux Sous-aide-major, chacun........................... 1300.

Citadelle.

Citadelle.

Un Gouverneur de la troiſième claſſe.......................... 8000tt

Un Lieutenant de Roi de la ſeconde claſſe.............. 4000.

Un Major.. 2600.

Un Aide-major.................................... 1300.

Un Sous-aide-major................................ 900.

Saint-Omer.

Un Gouverneur de la ſeconde claſſe......................... 10000.

Un Lieutenant de Roi de la première claſſe.............. 9500.

Un Major.. 5000.

Deux Aide-major, chacun................................ 2600.

Deux Sous-aide-major, chacun.......................... 1500.

Château de Saint-Omer.

Un Commandant de la ſeconde claſſe.................. 2500.

Aire, ville & château.

Un Gouverneur de la ſeconde claſſe.................. 10000.

Un Lieutenant de Roi de la ſeconde claſſe.............. 5200.

Un Major.. 3200.

Deux Aide-major, chacun................................ 1800.

Un Aide-major au château................................ 1800.

Fort Saint-François d'Aire.

Un Commandant de la ſeconde claſſe.................. 3400.

Un Major.. 1800.

Bapaume.

Un Gouverneur de la troiſième claſſe.................. 8000.

Un Lieutenant de Roi de la ſeconde claſſe.............. 3500.

Un Major.. 2000.

Un Aide-major.................................... 1200.

Un Sous-aide-major................................ 900.

Hesdin.

Un Gouverneur de la troisième classe.................. 8000 ₶

Un Lieutenant de Roi de la seconde classe.............. 4800.

Un Major.. 2000.

Un Aide-major.. 1200.

Un Sous-aide-major.. 900.

Béthune.

Un Gouverneur de la troisième classe.................. 8000.

Un Lieutenant de Roi de la seconde classe.............. 4500.

Un Major.. 2300.

Un Aide-major.. 1400.

Un Sous-aide-major.. 900.

Saint-Venant.

Un Gouverneur de la troisième classe.................. 8000.

Un Lieutenant de Roi de la seconde classe.............. 3400.

Un Major.. 1800.

Un Aide-major.. 1200.

PRINCIPAUTÉ DE SEDAN.

Gouvernement général de la seconde classe.............. 30000.

Sedan, ville & château.

Le Gouvernement réuni au Gouvernement général.

Un Lieutenant de Roi de la première classe............ 9000.

Un Major pour la ville.................................... 3100.

Un Major pour le château.................................. 1500.

Un Aide-major pour la ville............................... 1300.

Un Sous-aide-major.. 900.

TOUL ET PAYS TOULOIS.

Gouvernement général, à................................... 30000.

Toul.

Le Gouvernement réuni au Gouvernement général.

Un Lieutenant de Roi de la seconde classe............. 2500#

Un Major.. 1600.

Un Aide-major.................................. 1000.

NIVERNOIS.

Gouvernement général, à........................... 30000.

BOURBONNOIS.

Gouvernement général, à........................... 30000.

BERRY.

Gouvernement général, à........................... 30000.

AUVERGNE.

Gouvernement général, à........................... 30000.

FOIX, DONEZAN ET ANDORE.

Gouvernement général, à........................... 30000.

LIMOSIN.

Gouvernement général, à........................... 30000.

HAUTE ET BASSE-MARCHE.

Gouvernement général, à........................... 30000.

SAINTONGE ET ANGOUMOIS.

Gouvernement général, à........................... 30000.

Angoulême.

Un Lieutenant de Roi de la seconde classe............. 2500.

Un Aide-major.................................. 1200.

AUNIS.

Gouvernement général, à........................... 30000.

La Rochelle & Tours.

Un Gouverneur de la première classe.......................... 12000^tt
Un Lieutenant de Roi de la première classe............... 7500.
Un Major... 3600.
Un Aide-major... 1800.
Un Sous-aide-major... 1100.

Isle de Ré.

Un Gouverneur de la première classe, à charge de résidence. 12000.

Saint-Martin de Ré.

Un Lieutenant de Roi de la seconde classe................. 4500.
Un Major... 2400.
Un Aide-major... 1200.
Un Sous-aide-major... 900.

Citadelle de Ré.

Un Lieutenant de Roi de la seconde classe................. 3600.
Un Major... 2400.
Un Aide-major... 1200.

Fort de la Pré.

Un Commandant de la seconde classe....................... 2000.

Isle d'Oleron & citadelle.

Un Gouverneur de la seconde classe, à charge de résidence.. 10000.
Un Lieutenant de Roi de la seconde classe................. 3000.
Un Major... 1600.
Un Aide-major à la ville.................................... 1200.
Un Aide-major à la citadelle............................... 1200.

Rochefort.

Un Lieutenant de Roi de la seconde classe................. 5000.
Un Major... 2400.
Un Aide-major... 1600.

Fort

Fort Chapus.

Un Major-commandant 1500ᵗᵗ

Isle d'Aix & fort de Fouras.

Un Commandant de la seconde classe. . . . . 2000.

Cognac.

Un Gouverneur de la seconde classe. 10000.

Brouage & fort Lupin.

Un Gouverneur de la troisième classe. . . . . 8000.
Un Lieutenant de Roi de la seconde classe. . . . . 2400.
Un Aide-major . . . . 1200.

POITOU.

Gouvernement général, à. . . . . 30000.

Poitiers.

Le Gouvernement réuni au Gouvernement général.

Niort.

Un Gouverneur de la troisième classe . . . . 8000.
Un Lieutenant de Roi de la seconde classe. . . . . 4000.

SAUMUROIS.

Gouvernement général, à. . . . . 30000.

Saumur & château.

Un Lieutenant de Roi de la seconde classe. . . . . 3500.
Un Major. . . . . 1900.

ANJOU.

Gouvernement général, à. . . . . 30000.

Angers.

Un Gouverneur de la troisième classe.................... 8000tt

Un Lieutenant de Roi de la seconde classe............... 4000.

Un Major.. 2000.

TOURAINE.

Gouvernement général, à................................. 30000.

Loches.

Un Gouverneur de la troisième classe.................... 8000.

LE MAINE ET PERCHE.

Gouvernement général, à................................. 30000.

ORLÉANOIS.

Gouvernement général, à................................. 30000.

CORSE.

Gouvernement général, à................................. 30000.

Bastia.

Un Lieutenant de Roi de la première classe.............. 6000.

Un Major.. 3500.

Un Aide-major... 1800.

Un Sous-aide-major...................................... 1200.

Saint-Florent.

Un Commandant de la seconde classe...................... 4800.

Un Aide-major... 1800.

Calvi.

Un Commandant de la seconde classe...................... 4800.

Un Major.. 3000.

Un Aide-major... 1800.

Isle Rousse.

Un Major-commandant..	2400#
Un Aide-major..	1400.

Ajaccio.

Un Commandant de la première classe..................	6000.
Un Major..	3500.
Un Aide-major..	1800.
Un Sous-aide-major...	1200.

Bonifacio.

Un Major-commandant..	2400.
Un Aide-major..	1400.

Corté.

Un Lieutenant de Roi de la première classe..............	6000.
Un Major..	3500.
Un Aide-major..	1800.
Un Sous-aide-major...	1200.

FAIT & arrêté à Verſailles le dix-huit mars mil ſept cent ſoixante-ſeize. *Signé* LOUIS. *Et plus bas,* SAINT-GERMAIN.

A PARIS,

DE L'IMPRIMERIE ROYALE.

M. DCCLXXVI.

www.ingramcontent.com/pod-product-compliance
Ingram Content Group UK Ltd.
Pitfield, Milton Keynes, MK11 3LW, UK
UKHW021956260726
13994UKWH00004B/1776